ZIMMER FREI!

EINE REISE ZU DEN VERRÜCKTESTEN HOTELS DER WELT

Verena Tölle

DUMONT

INHALTSVERZEICHNIS

EUROPA

$ unschlagbar günstig $$ erschwingliche Träume $$$ purer Luxus

HECHTE VORM FENSTER

Da hat der Michel aus Lönneberga einfach seinen Schuppen auf den See geschickt. Was für ein ungezogener Junge! Mit dem Schlauchboot geht's zu dem roten Häuschen im typisch schwedischen Baustil – und dann: entspanntes Geschaukel auf der Terrasse. Was für eine Ruhe! Geschlafen wird übrigens im Keller im Untergeschoss, also unter der Wasserlinie. Kein Wunder, wenn Gäste deshalb vom Angeln träumen. Und von köstlichen Hecht-Gerichten.

Hotel Utter Inn,
Mälarsee, Schweden
visitvasteras.se/aktor/hotell-utter-inn
$$

GLAMOUR-DOPPELDECKER

Die wohl stilvollsten Kapselhotel-Hochbetten finden sich im Finanzzentrum Singapur – Managerinnen und Manager wollen schließlich nicht auf gewohnten Luxus wie Satinbettwäsche oder schicke Einrichtung verzichten. Businesskontakte werden so beim Abendessen aufgebaut und beim Gute-Nacht-Sagen gefestigt, während jeder in seine (!) oder ihre (!) Kapsel kraxelt. Auch Backpacker fühlen sich in dieser Luxusherberge wohl, denn in Jogginghose sehen nun mal alle gleich aus.

The Pod,
Singapur
www.thepodcapsulehotel.com
$

PLATZANGST IN DER PILLENBOX

Eines sollte man im Kapselhotel nicht mit ins Bett nehmen: seine Platzangst. Es ist allein schon eng genug in einer der 26 über- und nebeneinander auf zwei Räume verteilten Kammern. Da sich das Leben auf der Insel Hainan aber sowieso mehr auf der Straße oder am Strand abspielt, wird da gar kein riesiges Zimmer gebraucht. Dennoch hat die Kapsel immerhin Platz für einen Gast, einen Ventilator, einen Flachbildfernseher und einen Klapptisch!

Hainan Capsule Hotel,
Hainan, China
keine Internetadresse
$

Wigwam Motel,
Holbrook, Arizona, USA
sleepinawigwam.com
$

TIPPTOPP TIPI-TRÄUME

Diese Indianer von heute! Legen sich Gehwegplatten vor ihre Tipis, ts, ts. Wahrscheinlich waschen sie samstags auch noch ihre Mustangs und harken den Wigwam-Vorgarten. Ach, das sind gar keine Zelte? Das ist ein Motel aus den 1950ern und die Tipis sind aus Beton, mit Doppelbett, Klimaanlage und Kabel-TV? Bleichgesichter, die der alten Route 66 folgen, lieben es, hier zu übernachten. Auch wenn an Schlaf nicht zu denken ist: Das Eiserne Pferd nach Santa Fé rattert nämlich direkt hinterm Wigwam vorbei.

ucts

Jailhouse Accomodation,
Christchurch, Neuseeland
www.jail.co.nz

$

STRÄFLINGE AUF URLAUB

Schon mal Lust gehabt, eine Bank auszurauben? In diesem Backpacker Hostel kann man sich prima vorstellen, wie es wäre, wenn der Coup schiefgelaufen wäre. Denn wo einst tatsächlich Verbrecher in ihren Zellen geschlafen haben, residiert man nun in minimalistischen Hotelzimmern mit Gittern vor den Fenstern. Die meisten Mauern und Türen des Gefängnisbaus von 1874 wurden erhalten – nur das Essen hat sich deutlich verbessert! Am letzten Tag wird dann ein Erinnerungsfoto im orangen Sträflingsanzug gemacht.

Malmaison, Oxford,
Großbritannien
www.malmaison.com/
locations/oxford
$$

IM KELLER IST NOCH KNAST

»Skandal! Verurteilte korrupte Politiker und raffgierige Millionäre leben im Luxusknast im Herzen von Oxford in Saus und Braus!« Diese frech gefälschte Schlagzeile könnte man glatt glauben. Ist aber nicht so: Die Nächte hinter den feinen Schwedischen Gardinen sind zwar nicht billig, aber erschwinglich. Und in dem Gefängnis, das erst 1996 geschlossen wurde, lebte es sich wenig luxuriös – wie die Originalzelle im Keller beweist. Die heutigen Zimmer bestehen übrigens aus drei Kerkern: einer fürs Bad, zwei fürs Schlafzimmer.

SCHAMPUS IN DER WÜSTE

»King-Size-Betten«, stöhnt der stilbewusste verirrte Wanderer. »Kühle Zelte!« Und »Solarstrom«! Dem Manne kann geholfen werden: 60 km entfernt von der nächsten Stadt namens M'Hamid gibt es in diesem Luxuscamp in der Sandwüste Erg Chigaga alle Annehmlichkeiten. Gäste kommen auf gebuchten Touren, dürfen sich beim Kamelritt versuchen und die Sandberge hinuntersurfen. Abends gibt's traditionelles Essen und Musik am Lagerfeuer. Ach ja, und selbstverständlich: »Wasser!«

- Erg Chigaga Luxury Desert Camp, Erg Chigaga, Marokko
  www.desertcampmorocco.com
  $$$

ERST MAL 'N KÄFFCHEN

Mmhhhh, das duftet soooo gut! Der Geruch frischer Croissants und aufgebrühter Kaffeebohnen zieht unter der Tür durch. Entspannt in die Schlappen schlüpfen, die Tür des Einzimmer-Hotels öffnen, einen Kaffee bestellen und die Zeitung aufschlagen: Im Café Central wundert sich niemand mehr über Gäste in Schlafanzügen. Ist jetzt das Zimmer mit seiner herrlich altmodischen Einrichtung charmanter oder das liebevoll gestaltete Café im Stockwerk drunter? Hach, erstmal 'n Käffchen.

Café Central,
Kopenhagen, Dänemark
www.centralhotelogcafe.dk
$$

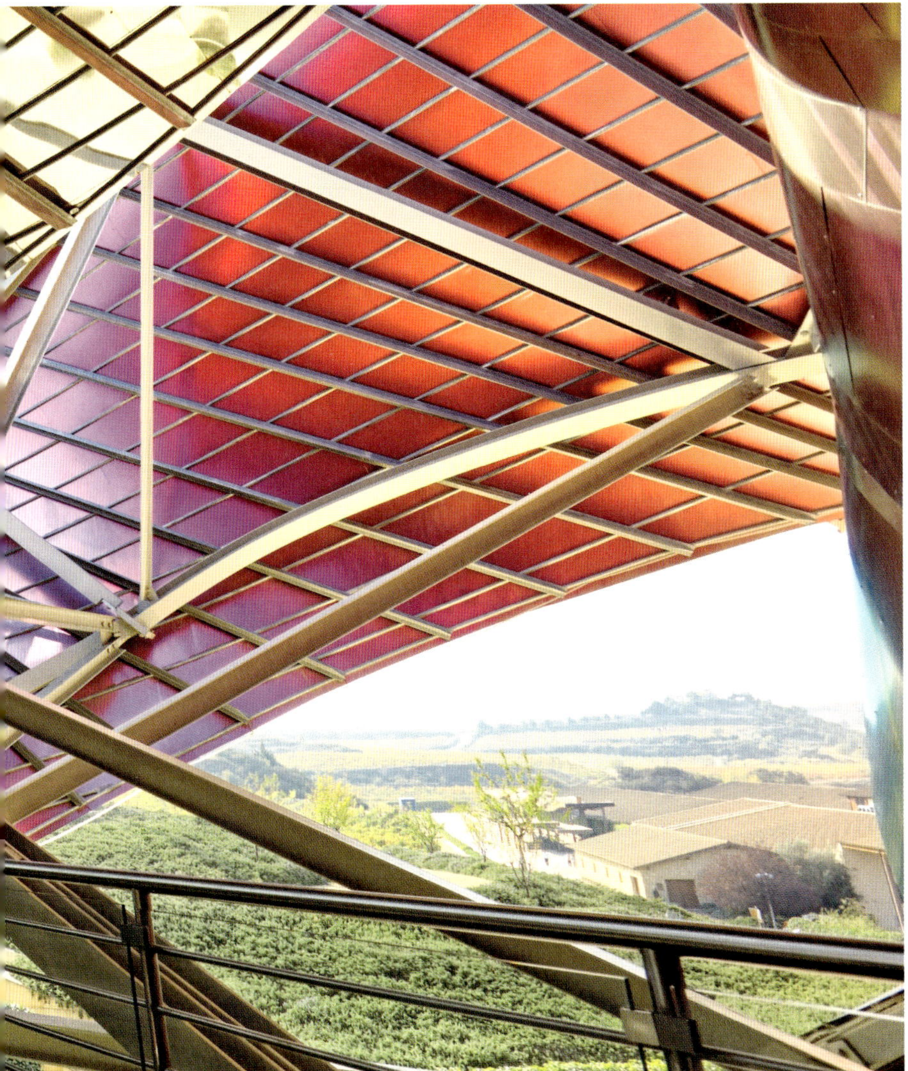

Hotel Marqués de Riscal,
Elciego, Spanien
www.hotel-marquesderiscal.com
$$$

IM ZEICHEN DES WEINES

Das kommt also dabei heraus, wenn ein Architekt wie Frank O. Gehry ein Hotel gestaltet: ein wellenförmiges Dach, das aussieht, als würde es zerfließen, womöglich in ein Weinglas. Naheliegend, schließlich wachsen Reben rund um das ganze Haus. Im Keller wird nicht nur der eigene Wein gekeltert, hier lagern auch so viele Fässer, dass sie für das ganze Land reichen würden. Auf gut betuchte Gäste warten in den Restaurants und Bars Geschmacksexplosionen, dazu eine berauschende Vino-Therapie mit Weintrauben-Massage. Salud!

Oldtimerbus, Lengerich
bei Tecklenburg, Deutschland
www.airbnb.de/rooms/13487509
$

OLDIE – BUT GOLDIG

Abseits von Nachbarn und Straßenlärm schlafen, draußen kochen und ein heißes Bad unter freiem Himmel bei Mondschein genießen, wie friedlich! Die Ruhe und Stille rund um den Bus zieht viele an: junge Familien, die raus möchten aus der Stadt, Paare, die mal wieder ungestört reden wollen, Manager mit Auszeitbedürfnis, sogar ein Astronaut aus Tokio suchte im unkonventionellen Gefährt die irdische Unberührtheit unter alten Eichen. Dank Panoramaverglasung schaut die Natur rein – und man selber raus, auf vorbeiziehende Rehe und ganz, ganz viel Grün.

UNION

ÜBERM HAFEN SCHLAFEN

Hat da beim Anblick des Krans im Kopenhagener Hafen gerade jemand »Kohle« gerufen? Korrekt! Und zwar gleich dreimal: In seinem ersten Leben schaufelte der Kran Briketts in Schiffsbäuche. In ein Hotel umgewandelt, erhielt er eine kohleschwarze Einrichtung – bis auf das Spa. Und man braucht richtig viel Kohle, um hier absteigen zu können: 2500 Euro kostet die Nacht. Dafür gibt's aber auch ein Auto und zwei Fahrräder zur Benutzung – in Kohleschwarz natürlich.

- The Krane, Kopenhagen, Dänemark
www.thekrane.dk
$$$

Hüttenpalast,
Berlin, Deutschland
www.huettenpalast.de
$

CAMPEN FÜR NICHT-CAMPER

Ein eigener Wohnwagen ist nicht ganz billig, zudem muss man alles selber machen, wie nervig! Dann lieber das Beste aus zwei Welten: ohne Fahrerei und bei stets gutem Wetter drinnen in einem bunten Haus auf Rädern übernachten. In der Camping-Halle steht eine große Auswahl an Retro-Wohnwagen, die nötige Urlaubsbräune liefert die Außenterrasse mit Sonnenliegen. Für Geschichten aus dem Survival-Campingurlaub am besten das Wetter recherchieren, für Beweisfotos gibt's ja Fototapeten.

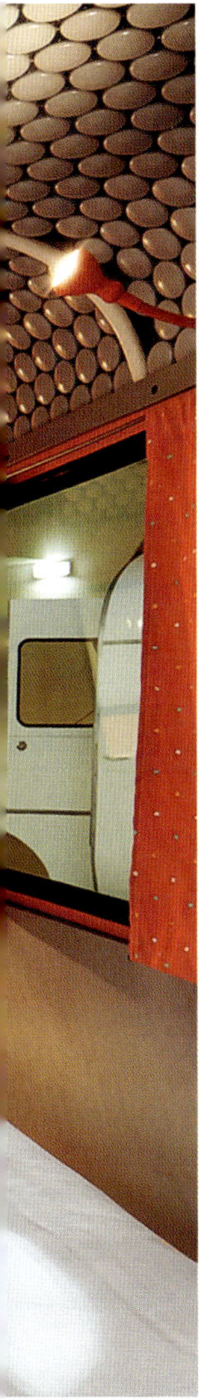

Hotel Zaandam,
Amsterdam, Niederlande
www.inntelhotels
amsterdamzaandam.nl
$$

ALLES UNTER EINEM DACH

Wie viele Häuser wurden denn hier übereinandergestapelt? Und alle sehen aus wie die traditionellen Behausungen der Region Zaan. Im Inneren des Stapelhotels wartet ein, nun ja, spannender Mix aus moderner Einrichtung und Nostalgie. Man muss sich schon daran gewöhnen, dass einen in der Zar-Peter-Suite der erste russische Kaiser (1672–1725) als riesiges Porträt beim Wohnen zuschaut (Peter der Große hatte in Zaanstad Schiffbau gelernt). Da das Zaandam direkt am Wasser liegt, schmeckt der Käse auf der Terrasse des Restaurants noch besser.

Pangu 7 Star Hotel Beijing,
Peking, China
www.panguhotel.com/en
$$$

PEKING-ENTE XXL

Das ist doch … diese Haartolle … nein, der Trump Tower sieht anders aus. Hier handelt es sich um den größten bewohnbaren Glücksdrachen der Welt, genauer gesagt um sein Kopfteil. Der eigene Kopf darf beim 7-Sterne-Luxus – italienisches Interieur mit chinesischen Elementen – getrost abschalten, während durch die großen Fenster die leuchtenden lila Schuppen von Pekings »Olympic Theater of Dreams« lugen. Übrigens: Die sieben Sterne hat sich das Pangu Plaza selbst verliehen. Mehr als fünf gibt's offiziell gar nicht.

No Man's Fort,
vor Portsmouth im Solent,
Großbritannien
www.solentforts.com
$$

AUSZEIT AUF DER BOJE

Außerhalb des Sichtfelds der Queen liegen drei riesige Bojen vor Englands Küste, die aussehen, als trieben sie auf gigantischen Schwimmringen durch den Ärmelkanal. Während Horse Sand Fort ungeschminkt die Historie zeigt, ist Spitbank Fort ein exklusives Hotel mit acht Schlafzimmern samt Schampus-Begrüßung und Whirlpool. No Man's Fort dagegen präsentiert sich als Party-Insel, mit sage und schreibe fünf Bars und der Gewissheit, nicht einen einzigen Nachbarn zu stören. Alle 23 Zimmer haben übrigens, man ahnt es schon, Meerblick.

AUS DER RÖHRE GEGUCKT

Verlassene Betonrohre bieten nicht nur der Tierwelt ein Schlupfloch. Aufgehübscht und mit Fenstern und Türen versehen sind sie auch für menschliche Lebewesen ein wunderbarer Schlafplatz. Was da alles reinpasst?! King-Size-Bett, Klimaanlage und, schließlich sind wir in China, ein eigener Haus-, pardon, Röhrengeist. Zwecks Individualität verschönerten Straßenkünstler die runden Räume mit verschiedenen heiligen Wesen. Apropos rund: Die Lagerung auf Steinen, so heißt's, sei sicher.

Pipe Hotel Ruyang,
Ruyang, China
keine Internetadresse
$

PIRATEN VORAUS!

Rückt die Augenklappe zurecht, hisst die Freibeuterflagge und setzt die Segel mit Kurs auf das Pirateninsel Hotel im Legoland Deutschland Resort! Nach einem abenteuerlichen Tag im Freizeitpark können alle kleinen und großen Seeräuber hier ins Land der Träume schippern – die Kids dabei ganz stilecht in Schlafschiffchen mit einer eingebauten Lego-Bauplatte. Am nächsten Tag werden dann wieder Schiffe geentert und neue Attraktionen im Park erkundet.

Legoland Freizeitpark Deutschland,
Günzburg, Deutschland
www.legoland.de
$$

TRÄUMEN OHNE TEMPOLIMIT

Der fröhlich-forsche Spruch »Dann lass uns eben im Auto übernachten« provoziert gern spontanes Unbehagen samt Rückenschmerzenängsten. Es sei denn, das Auto *ist* das Bett: Der Kissen-Cadillac, ein Mercedes W 108 in der Waschanlage, Käfer »Herbie« an der Tanke – alles matratzenbewehrte Traum-Autos in 26 passenden Themenzimmern. Hier drehen definitiv nicht nur die Tachos durch. Wer jedoch vor Autos keinen Urlaub mehr sieht, kann seinen Körper im Wellnessbereich tunen.

V8 Hotel,
Böblingen, Deutschland
www.v8hotel.de
$$$

FARBSPIELE ÜBERM BETT

Kakslauttanen ist der beste Ort in Finnland, um zwischen September und März Polarlichter zu bestaunen. In den Glas-Iglus sitzt man dann komfortabel beim Kakao am Kamin, während draußen der Himmel mit Farben spielt. Für mehr Action geht's auf Safari, bei der die Schlitten wahlweise von Rentieren oder Huskys gezogen werden. In der größten Dampfsauna der Welt steigt die Körpertemperatur dann wieder. Kein Wunder, dass sich hier der Weihnachtsmann wohlfühlt.

- Hotel Kakslauttanen, Kakslauttanen, Finnland
www.kakslauttanen.fi/de/unterkunft/#glasiglus
$$

● Kelebek Special Cave Hotel,
Göreme, Türkei
www.kelebekhotel.com
$$

ZU GAST BEI TROGLODYTEN

»Biete 23 Millionen Jahre alte Höhlenwohnung im Neogen-Look für troglodytischen Lifestyle.« Will heißen: Im Höhlenhotel in Kappadokien, wo der im Erdzeitalter des Neogen abgelagerte Vulkantuff seit Generationen von Menschen durchlöchert wird und ganze unterirdische Städte beherbergt, lebt sich's wie ein Troglodyt, ein Höhlenmensch. Märchenhaft sind die Zimmer in den Feenkaminen, jenen natürlichen Türmen, die der Erosion etwas länger widerstehen – und die der Landschaft ihr unverwechselbares Gesicht geben.

MONSTER ZUM FRÜHSTÜCK

Wie allen Filmstars ist auch Godzilla das Leben im Hotel nicht fremd. Hier versteckt er sich vor der Menschheit, tarnt sich als Haustier und kann immer mal wieder dabei beobachtet werden, wie er auf der Terrasse ein Sonnenbad nimmt. Die einzige Bedingung für alle, die einen Blick auf die Monsterechse werfen wollen: Sie müssen über Nacht bleiben. Wer das übersteht, kehrt als Held aus dem Urlaub zurück. Dabei geht es dem Monster doch nur wie allen Filmhelden – es will bloß spielen!

Hotel Gracery Shinjuku,
Tokio, Japan
shinjuku.gracery.com/de
$$

Jumbo Hotel,
Stockholm, Schweden
www.jumbostay.com
$$

LIEGEN STATT FLIEGEN

Das Jumbo Hotel hebt leider nicht ab. Das könnte möglicherweise auch daran liegen, dass sich in den Turbinen des Flugzeugs Schlafkabinen befinden. Genauso wie im Cockpit, wo die einzigartige Aussicht über die Landebahnen hinzukommt. Eins ist jedenfalls sicher: So bequem wie in den modernen Kabinen samt Flachbildschirm und WLAN schläft man wahrscheinlich sonst nur im Privat-Jet. Aber einen Unterschied gibt es: Man erwacht morgens am selben Ort, an dem man abends eingeschlafen ist.

EIN BETT IM GRASFELD

Das Raustragen des eigenen Betts in die freie Natur gestaltet sich oft – vor allem in der Stadt – schwieriger als gedacht. Und die im Keller liegende Luftmatratze hat meist mehr Löcher als ein Schweizer Käse. Dann doch lieber in die Burst Suite mit lebensechter 360-Grad-Fototapete hoch über Toggenburg. Die Aussicht ist fantastisch, zudecken kann man sich wolkenweich, und mehr Sterne als die Abermillionen, die durch die Bergnacht funkeln, kann ein Hotel nicht haben.

Burst Suite,
Wildhaus, Schweiz
www.zerorealestate.ch
$$$

AUSSERIRDISCH ÜBERIRDISCH

Und dann ist da dieses bunte Raumschiff, das hoch über Javas Dschungeln schwebt, voll mit Surfer-Aliens, die vom Rand der Galaxis gekommen sind, um sich hier in die Wellen zu stürzen. Seit der Kommandant beschlossen hat, die schillernde Kuppel aus bunten Fenstern bei Airbnb anzubieten, kommen auch immer mehr irdische Backpacker vorbei. Die erwartet kein Luxus, aber eine Aussicht, die es so sonst nur noch an den Stränden von Centauri 3 gibt (sagen die, die schon dort waren).

Karang Aji Beach Villa,
Bayah, Indonesien
www.airbnb.de/rooms/339879
$

WENN BÜCHER TRÄUMEN

Wer bei Schlaflosigkeit gern zum Buch greift, sollte eine Nacht in Gladstone's Library verbringen. Ja, richtig gelesen, in Hawarden stellt man die Betten gleich in die Bibliothek. Leuchtet eigentlich auch ein, bei mehr als 150 000 Druckerzeugnissen im Haus – da geht einem der Lesestoff sicherlich nie aus. Dazu gibt es viele gemütliche Plätze, um zu schmökern, im Teesalon etwa oder in den holzverbrämten Reading Rooms. Klar, dass es auf den Zimmern eines nicht gibt: ein TV-Gerät.

- Gladstone's Library, Hawarden, Großbritannien
  www.gladstoneslibrary.org
  $

PICKNICK MIT PIRATEN

Manchmal fragt man sich doch wirklich, warum es so lange gedauert hat, bis jemand auf genau diese Idee gekommen ist. Ein Strandkorb, der sich nachts in ein luxuriöses Zelt mitsamt nobler Matratze, Handy-Ladestation und Bullaugen-Ausguck verwandelt! So sind die Sterne und Neptuns Wellenspiel ganz nah. Und unter der Matratze hat ein Picknickkorb Platz. Oder bei Bedarf auch ein Piratenschatz. Wind, Wetter und Wattwürmern trotzt der Schlafkorb übrigens auch.

- Schlafstrandkorb, Büsum, Nordsee, Deutschland
  www.buesum.de
  $

SCHÄFCHEN ZÄHLEN

Mitten in der Natur, wer braucht da schon viel? Im tapezierten Schäferwagen gibt es nur das große Doppelbett, einen Tisch, zwei Stühle und einen Kamin. Macht nichts, denn wie ein echter Hirte hält man sich sowieso mehr draußen als drinnen auf. Ein mitgebrachtes Pferd kann im Garten grasen und am Schäferwagen angebunden werden. Kletterer freuen sich auf die Routen im »Aktienbruch«, Taucher (!) auf Fischschwärme und glasklares Wasser in den drei »Taucherkesseln«.

Schäferwagen,
Zeltwiese Löbejün, Deutschland
zeltwiese-loebejuen.de
$

DAS SCHLOSS IM BAUM

Mit der Laterne in der Hand geht's über eine Wendeltreppe hinauf zu dem mit Moos überwachsenen kleinen Baumhaus. Das »Schloss der Lüfte« verschwindet fast im Grün der mittelschwedischen Wildnis. Aber es steht nicht allein: Andere Baumhäuser und urige Hütten liegen ringsum im Wald. Strom und Heizung gibt's nicht, aber Laternen und Feuer. Dazu den Charme der Waldeinsamkeit, eine kleine Dachterrasse und einen eigenen Bootsanleger für die Kanus im nahen See.

- Urnatur Aircastle, Ödeshög, Schweden
  urnatur.se/en
  $$

Pioneertown Motel,
Pioneertown, Kalifornien, USA
www.pioneertown-motel.com
$$

DUELLE IN DER WÜSTENSONNE

Die Weite der Wüste, ein Motel, 20 Zimmer und vor jedem so viel Platz, dass man ein Pärchen Mustangs anbinden kann. Oder wahlweise einen Pick-up abstellen. Mit dem kommen die Hipster aus Los Angeles oder dem Silicon Valley ins Joshua-Tree-Land, um sich mal wieder so richtig analog zu erden. Wo, wenn nicht hier, in der Westernstadt, die so aussieht, als würde gleich Billy the Kid um die Blockhausecke biegen, um den Sheriff zum Duell herauszufordern? Bang! Muss man gesehen haben, Mustang hin, Pick-up her.

PIONEERTOWN
MOTEL
LODGING
40

WOLKE SIEBEN (UNDFÜNZIG)

»Schwimm nicht so weit raus, sonst stößt du mit den Wolkenkratzern zusammen!« 146 Meter lang ist der höchste Infinity Pool der Welt: Im 57. Stock paddelt man in 200 Meter Höhe dem Horizont entgegen und genießt eine sensationelle Aussicht auf die Skyline von Singapur. Viele übernachten hier nur, um ein Selfie im Pool zu schießen. Das Hotel? Ist schick, extravagant und bietet vom (öffentlichen) Aussichtsdeck und den oberen Zimmern einen ähnlichen Blick.

Portaledge Felsnest,
Pfronten, Deutschland
www.waldseilgarten-hoellschlucht.de
$$$

ADRENALIN IN DER FELSWAND

Einen Aufzug gibt‘s hier nicht, auch nicht für die Adrenalinjunkies, die hier übernachten wollen: Zuerst wird das Nest, in der Bergsteigersprache Portaledge genannt, auf den Rücken geschnallt und den Berg hochgetragen. Dann wird es zusammengebaut, abgeseilt und mitsamt Personen und Schlafsäcken mit Seilen an der senkrechten bis überhängenden Felswand befestigt. Ausreichende Belüftung von unten ist in dieser Höhe garantiert. Und glücklicher wird man den Sonnenaufgang wohl auch nirgendwo begrüßen!

Radeka Down Under Hotel,
Coober Pedy, Australien
www.radekadownunder.com.au

$

FELSWAND MIT KLIMAANLAGE

Gut, man hat schon schönere Hostels gesehen. Aber wer die höllischen Temperaturen im australischen Outback kennt, für den ist das Radeka Down Under purer Luxus. Da seine spartanischen Zimmer wie fast ganz Coober Pedy unter der Erde liegen, genießt »der weiße Mann im Loch«, was Coober Pedy in der Sprache der Aborigines bedeutet, hier die angenehm kühle Luft, die man oberirdisch schmerzlich vermisst. Opalsucher hatten die Höhlen einst angelegt, in denen es heute auch Shops, Restaurants, Bars und sogar eine Kirche gibt. Klimaanlage? Braucht es nicht.

SAGENHAFT, DIE TURISEDER!

Da staunen die Spreewaldgurken nicht schlecht, was über ihnen in den Himmel gewachsen ist. Der Freizeitpark »Die geheime Welt von Turisede« steckt voller Abenteuer und Märchen. Erst Geheimgänge entdecken, ausgelassene Wasserspiele spielen und sich im Geisterwald gruseln, dann im »Krönum« speisen und die Turiseder kennenlernen, später im »Faulenzum« entspannen und in einem der kunterbunten Baumhäuser im »Behütum« übernachten. Hey, ihr Gurken, was für ein Abenteuer!

Baumhaushotel Kulturinsel
Einsiedel, Lausitz, Deutschland
www.kulturinsel.com
$$

ZU HAUSE BEI DER SPHINX

Die Sphinx von Gizeh hat sich in Las Vegas einer Schönheits-OP unterzogen: Ihre Nase konnte erfolgreich wieder angeklebt werden. Um nicht dem Glücksspiel zu verfallen, hat sie sich in eine Pyramide zurückgezogen. Oder befindet sich in der Spitze des 107 m hohen Glasgebäudes das Hauptquartier des Illuminati-Ordens? Wer sein Hotel nicht mehr findet, folgt einfach dem Lichtstrahl nach Hause. Oder fragt die Tausenden von Motten, die in den Nächten darin tanzen.

- Luxor Hotel, Las Vegas, Nevada, USA
  www.luxor.com
  $$$

SOLE, VINO UND GONDOLIERE 2.0

Wow, seit wann sind die Kanäle von Venedig so herrlich himmelblau? Seit La Serenissima um die Welt reist: Erst ruderten in Las Vegas »O sole mio« trällernde Gondoliere unter einer Rialto-Brücken-Kopie hindurch, seit 2007 kann man dasselbe in Macau beobachten. Allerdings können die chinesischen Bootsführer über dreimal so viele Kanäle schippern, denn der größte Hotelkomplex Asiens ist doppelt so groß wie sein Pendant in der Wüste von Nevada.

The Venetian Macao ●
Resort Hotel, Macau, China
www.venetianmacao.com
$$$

Dolomitenhütte,
Amlach, Gailtaler Alpen, Österreich
dolomitenhuette.at
$

IM ANGESICHT DES BERGES

Und dann wacht man nachts auf – und der Berg beugt sich übers Bett, echt jetzt! Oder war's doch nur ein Traum? Da kann man aber auch durcheinanderkommen, bei diesen Glasscheiben, die direkt vor der Bettkante scheinbar ansatzlos in den Abgrund führen. Gemütlicher konnte man jedenfalls noch nie die schwindelerregenden Grate der Lienzer Dolomiten bewundern. Doch damit der Adrenalinkicks noch nicht genug: Wer sich vom Leben in der gemütlichen Hütte losreißen kann, düst im Winter aus 1616 m Höhe mit dem Schlitten ins Tal. Leiwand!

MAYDAY? NEIN, HOLIDAY!

Bitte bringen Sie Ihren Sitz in eine aufrechte Position, die Boeing 727 setzt nun zu einer Notlandung im Regenwald an. Unter Ihrem Sitz befinden sich Kokosnüsse, und bei Druckabfall empfehlen wir die Wasserfalldusche im Cockpit. Durch die Fenster an den Notausgängen sehen Sie kleine Äffchen von Baum zu Baum springen und einen traumhaft weißen Sandstrand. Wir wünschen Ihnen noch einen angenehmen Aufenthalt im Dschungelparadies an der Pazifikküste Costa Ricas!

- Hotel Costa Verde, Quepos, Costa Rica
costaverde.com
$

Rotel,
weltweit, Deutschland
www.rotel.de
$$

EIN BUSTICKET UM DIE WELT

Auf dem Pamir-Highway oder über die Alte Seidenstraße, von Sardinien über Alaska bis Australien: Kein Weg ist zu weit und keine Schlucht zu eng. Falls das rollende Hotel doch mal stecken bleiben sollte, dann packen die zwei Dutzend Mitglieder der neu zusammengewürfelten Großfamilie mit an und auf »Drei!« wird geschoben. Kein Problem, wer mit dem roten Bus durch die Welt tingelt, bekommt Nerven aus Stahl – und mit Sicherheit die schönsten Übernachtungsplätze, die man sich bei einer Gruppenreise nur vorstellen kann.

Das Rollende Hotel

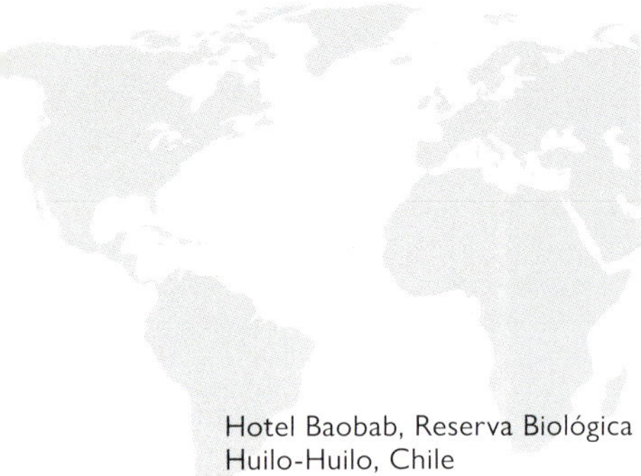

Hotel Baobab, Reserva Biológica Huilo-Huilo, Chile
www.huilohuilo.com
$$$

BIENCHEN UND BÄUMCHEN

Ha, da haben die fleißigen Bienchen Patagoniens wohl zu viel am Energydrink eines Besuchers des Huilo-Huilo-Naturparks genippt und anschließend ein gigantisches Nest gebaut. Was aussieht wie ein riesiger Bienenstock, ist ein Baumhaus, und zwar buchstäblich: Wie einer der Riesen des patagonischen Regenwalds wächst es nach oben in die Breite, in seinem Inneren strebt ebenfalls ein Baum himmelwärts. Große Fenster bieten perfekte Aussichten, etwa auf das benachbarte Hotel, das aussieht wie ein Vulkankegel. Ungewöhnlicher geht immer!

Hang Nga Crazy House,
Dalat, Vietnam
www.crazyhouse.vn
$

URLAUB IM WUNDERLAND

Dieses Jahr machen wir mal Urlaub in einem Gemälde von Salvador Dalí. Dafür reisen wir nach Vietnam, in die Stadt Dalat, und steigen ab im Hang Nga Crazy House. Das hat eine frappierende Ähnlichkeit mit Dalís schmelzenden Uhren: Wie in einem Backofen haben Gästehaus, Café und Kunstgalerie ihre Form verloren, nur um ganz ohne rechte Winkel wieder zu erstarren. Tunnel durchziehen das Ensemble, im Garten spannen sich riesige Spinnennetze aus Draht. Dalí trifft Gaudí trifft den Hobbit Bilbo Beutlin.

TIEFKÜHL-TRÄUME XXL

Wie spät ist es? Oh, schon Eiszeit! Oder immer noch? Seit Kurzem kann man das ganze Jahr unter gefrorenen Blöcken übernachten – ausgerechnet dank der Sonne. Die treibt nämlich im Sommer die Kühlaggregate an. So richtig cool ist es im Eishotel aber nur im Winter. Da wirken manche Skulpturen in den Zimmern so real, als seien Gäste vor Begeisterung im Glamour-Iglu schockgefroren. Damit dies nicht passiert wird, fertigt man selber Eisskulpturen an, geht in die Sauna oder auf Snowmobil-Safari.

Icehotel,
Jukkasjärvi, Schweden
www.icehotel.com
$ $

DIE WIESE IM WOHNZIMMER

Und wenn einem dann mal so richtig nach Natur ist, dann klappt man einfach die Frontwand hoch. So steht der Esstisch plötzlich auf der Wiese und auch mal eine Kuh im Wohnzimmer. Obwohl, das ist ein Gerücht: Schwarzwälder Rindviecher sind dafür viel zu höflich. Tatsache ist, dass Gepäck und Einkäufe mit einer Holzschubkarre transportiert werden, die Betten weich, der abendliche Kerzenschein besonders romantisch und die Pizza aus dem Holzofen ausgesprochen lecker ist.

Wiesenbett, Hilserhof, Triberg-Gremmelsbach, Deutschland
hilserhof.de/wiesenbett.html
$$

ALIENS IM BAUMHAUS 2.0

Im Wald schwebt ein von allen Seiten verspiegelter Kasten, bei dessen Anblick die Elche eitel den Sitz ihrer Geweihe checken. Zu zweit lebt es sich glamourös auf 4x4x4 Metern in diesem kleinen Luftschloss mit Dachterrasse, das im Wald fast unsichtbar wird. Und in der direkten Nachbarschaft? Bietet ein Ufo Platz für fünf Aliens, und ein riesiges Vogelnest für eine ganze (Menschen-)Familie hängt in den Zweigen. Wer flügge wird, geht in die Sauna, ins Restaurant oder auf Wildnisexkursion.

Treehotel,
Harads, Schweden
www.treehotel.se
$$$

Arctic Bath,
Harads, Schweden
www.arcticbath.se
$$$

ÜBERS KALTE WASSER GEHEN

Was aussieht, als hätte ein Riese einen Haufen Streichhölzer fallen lassen, ist eine Wellnessoase mitten im Fluss Lule. Ihr Mittelpunkt: ein runder Pool, der dem Arctic Bath (brrrr!) seinen Namen gibt. Im Sommer planschen Hartgesottene, im Winter friert das Wasser um die schwimmende Insel zu und umarmt auch die sechs treibenden Hotelhäuschen. Nicht nur dann ist Zeit für Sauna, Spa, Lounge und Meditation mit Blick aufs schwedische Schneeparadies. Im Restaurant darf geschlemmt werden, Kaltbade-Profis reisen per Hubschrauber an.

LOVE IS IN THE AIR

Viele japanische Familien wohnen auf engstem Raum zusammen, da wird es schwierig, als Teenager Freund oder Freundin reinzuschmuggeln. Wer sich nicht erwischen lassen will, trifft sich in einem Love Hotel – was übrigens nicht als anrüchig gilt. Trotzdem ist Anonymität Trumpf, deshalb läuft hier alles digital. Themenwelten sind in: für eine kurze Zeit vom Alltag abschalten und in eine andere Welt eintauchen, in einen griechischen Tempel, ins Aquarium, einen Ninja-Raum …

Geihinkan Love Hotel,
Kawasaki, Japan
keine Internetadresse
$

KOJE FÜR DEN TIEF(SEE)SCHLAF

Gut, man hat schon mal in einem breiteren Bett geschlafen. Und auf dem Weg zur Koje knallt der Kopf auch gern gegen eine Luke. Dennoch wirkt das U-Boot der kanadischen Marine innen geräumiger, als es von außen aussieht. Ob die Träume der Matrosen, die damit von 1967 bis 2000 durch die Meere geschippert sind, noch irgendwo zwischen den Torpedos hängen? Nachts fühlt es sich jedenfalls an, als sei man 20 000 Meilen unter dem Meer. Puh, nur ein Traum …

- L'Onondaga,
  Onondaga, Kanada
  www.shmp.qc.ca
  $

ZICKE, ZACKE, ZICKE, ZACKE ...

... Heu, Heu, Heu! Haben die Kühe nichts zu fressen, hat der Bauer sie vergessen – oder auf dem Dachboden liegen Übernachtungsgäste mittendrin im Futter fürs hungrige Fleckvieh. Wer im Stroh ratzt, erlebt erst raschelnd-duftende Romantik, bis am Morgen Frühstück im Heubett serviert wird, samt selbstgebackenem Brot und eingekochter Marmelade von Oma, Honig von den hauseigenen Bienen und eigenem Apfelsaft. Ein Dachboden, den auch Kühe prima fänden.

Heu-Hostel,
Klein-Thurow, Deutschland
www.bauernkate-klein-thurow.de
$

GENERALSEKRE-TÄRSEXPRESS

So reiste also Erich Honecker, der Generalsekretär der »Dtschn Dmkrtschn Rpblk« (nur echt ohne Vokale!), wenn er mit dem Zug unterwegs war. 1975 ging's zur KSZE-Konferenz nach Helsinki, Diplomaten nutzten den DDR-Regierungszug auch gerne für die Fahrt zur Hasenjagd und Spitzensportler ratterten damit zur Olympiade. Heute beherbergt der originalgetreu renovierte, 25 m lange Schlafwaggon sechs Doppelbetten. Das Rattern der Bahnschwellen muss man sich denken.

- Salonschlafwagen, Gadebusch, Deutschland
  www.station-burgsee.de
  $

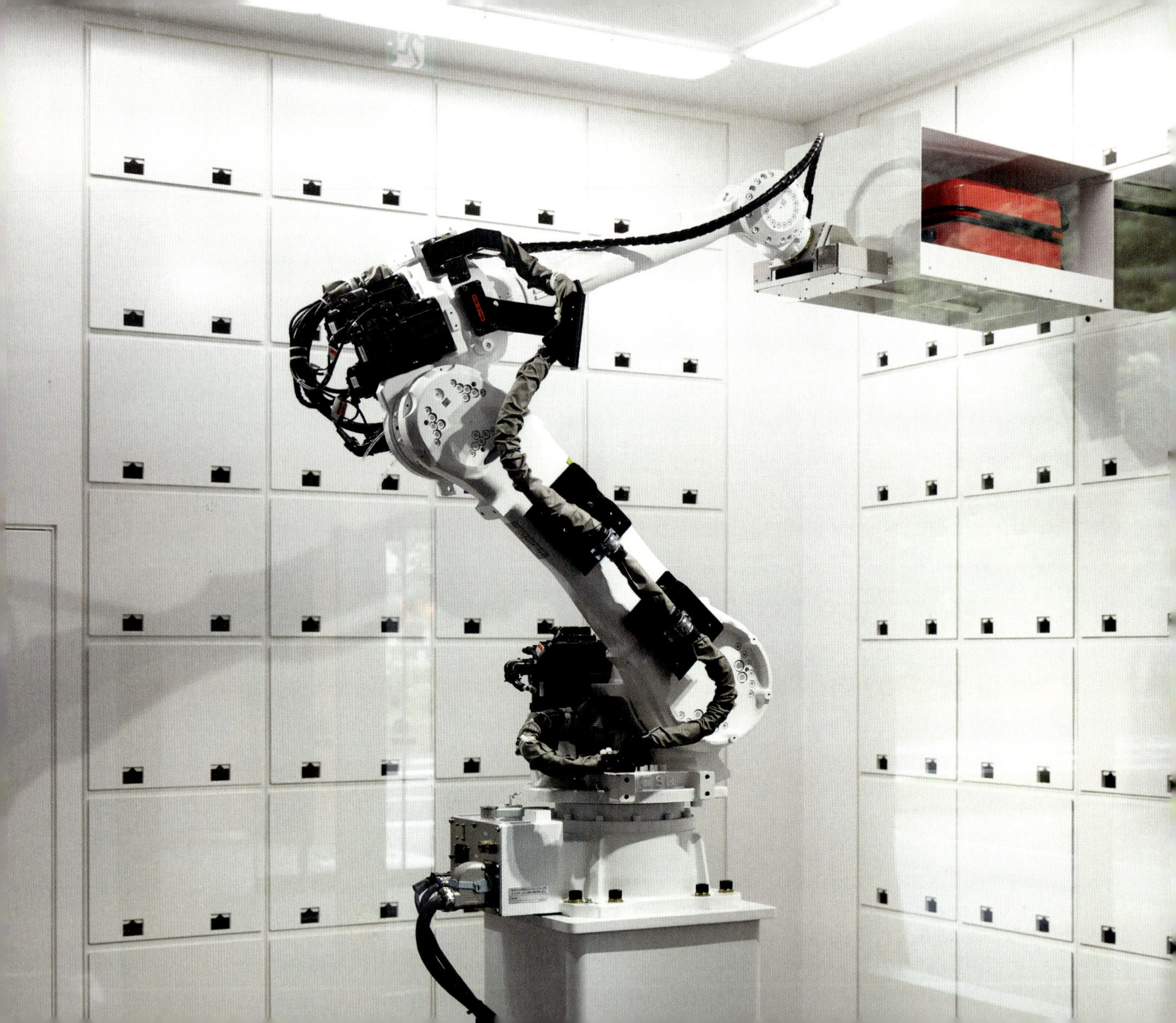

DINO ODER STEWARDESS?

Bei welcher der hilfsbereiten Maschinen checkt man an der Rezeption ein? Mit Roboterkraft wird das Gepäck zum Zimmer befördert. Um den Schlüssel muss sich keiner sorgen, denn die Zimmertür wird per Gesichtserkennung entriegelt. Ob die Dinos nach der Arbeit mit den Gästen gerne Karaoke singen, ist nicht belegt, aber durchaus vorstellbar. »Henn« bedeutet übersetzt »Veränderung« – und dieses Hotel verändert tatsächlich die Vorstellung vom Gasthaus der Zukunft.

Henn na Hotel,
Nagasaki, Japan
www.h-n-h.jp/en
$

ZWISCHEN ERDE UND HIMMEL

Knackst da gerade das Glas am Boden oder sind es nur die klirrenden Eiswürfel im Cocktailglas? Diese Frage muss sich stellen, wer die atemberaubende Sicht im 25 m langen Sky Pool mit 32 Grad warmem Wasser genießen will. Dampfschwaden steigen in die Lüfte, während der Schwimmer in den Abgrund blickt. Oder durch die Glasfront zum Horizont: Wenn der Berg nicht zu dir kommt, musst du eben zu ihm schwimmen. Nach dem Bad wohnt und speist man übrigens alpin-elegant.

Hotel Hubertus,
Bozen, Südtirol, Italien
www.hotel-hubertus.com
$$

Hoanib Skeleton Coast Camp,
Skelettküste, Namibia
hoanibskeletoncoastcamp.
wheretostay.na
$$$

ZU SCHÖN, UM WAHR ZU SEIN

Hand aufs Herz, wer würde schon gerne Urlaub machen in einem Landstrich, der im Lauf der Jahrhunderte wahlweise als »das Land, das Gott im Zorn erschuf«, »Tor der Hölle«, »Skelettküste« oder »größter Schiffsfriedhof der Welt« tituliert wurde? Antwort: Alle, die auf Wüstenwildnis stehen, nicht mit dem Schiff (sondern dem Kleinflugzeug) anreisen, Löwen, Zebras und Giraffen beobachten und dabei in einer 5-Sterne-Villa mit Zeltanmutung wohnen wollen. Dazu gibt es einen kühlen Pool und freie Sicht auf die Wüstenwelt. Oder ist das doch eine Fata Morgana?

FRÜHER WAR ALLES BESSER

Wir begeben uns auf eine Zeitreise ins Jahr 1976. In einem kleinen Motel in Ost-Berlin hängt ein Bild von Erich Honecker über der Rezeption und begrüßt die Gäste. Die Zimmer bestehen aus einem Kessel Buntes an DDR-Möbeln und schräg gemusterten Tapeten. Und der schrille Ton des Radioweckers reißt einen morgens wie gewohnt liebevoll aus dem Schlaf. Nebenan befindet sich das nostalgische Restaurant »Volkskammer«, und ein Späti dient als Getränkestützpunkt.

Ostel,
Berlin, Deutschland
www.ostel.eu
$

Lebens

AB IN DIE TIEFE

Nachdem der Guide eine »Gute Nacht« gewünscht hat, ist man allein. Mutterseelenallein. In einer Tiefe von 155 m. Zeit, in die Dunkelheit zu lauschen und sich Gedanken über Erdgeister und die Tonnen von Gestein zu machen, die da über einem so rumliegen. Warme Kleidung nicht vergessen, denn unterirdisch herrschen nur 2° C. Aber keine Angst, das Zimmer wird beheizt und verfügt über kuschelige Decken. Die Außenwelt ist (hoffentlich) über die Sprechanlage erreichbar.

Sala Silvergruva,
Sala, Schweden
www.salasilvermine.com
$

SEELUFT TUT DER SEELE GUT

Vom Leuchtturm aus reicht der Blick bis ans andere Ende der Welt – selbst aus dem Bett! An Schlaf ist sowieso nicht zu denken, weil alles so spannend ist, sowohl der Schiffs- als auch der Funkverkehr. Wenn es Abend wird im Lichthaus über dem Schlafzimmer, erstrahlt die Küste im Licht der Schifffahrtsrouten. Am nächsten Tag bedankt sich dann die Leuchtturmwärterin mit einem Frühstückskorb voll frischer Brötchen und holländischer Leckereien für die Wacht.

- Leuchtturm, Harlingen, Niederlande
www.vuurtoren-harlingen.nl
$$$

Kagga Kamma Resort,
bei Kapstadt, Südafrika
www.kaggakamma.co.za

\$\$

FRISCHLUFT-HIMMELBETT

Schatz, mach doch mal das Fenster zu! Ein frommer Wunsch in dieser Suite im Reich der Tiere: ohne Wände, eingerahmt von Felsbrocken, auf einem Vorsprung inmitten des riesigen Naturreservats. Morgens gibt's einen Kaffee zum afrikanischen Sonnenaufgang, danach einen Hüpfer unter die Außendusche oder in den Pool zwischen Steinbrocken. Wo sich Springbock und Schakal »Gute Nacht« sagen, gibt es keine Internetverbindung, dafür ein Spa und Quadbike-Touren. Woher aber wissen Schlangen und Eidechsen, dass dies hier ein Schlafzimmer ist?

DIE HÖLZERNE PILZPFANNE

Wie viele Trolle leben in einem Gemeinen Steinpilz? Kommt drauf an, wie groß sie sind. In einem Baumstumpf jedenfalls ist zu wenig Platz, hier wohnen nur zwei Elfen. Der Kettensägenkünstler Sören Niklasson erschuf aus Sperrholz und Beton ein niedliches Hotel mit vielen handgemachten Details. Von Mai bis September verlassen die märchenhaften Wesen ihre Häuser, überlassen sie den Menschen und machen selber Urlaub. Oder verstecken sie sich nur nebenan im Wald?

Norrqvarn Hotel,
Lyrestad, Schweden
www.norrqvarn.se/de/unterkunft/baumstumpfe-pilzhutten
$

EIN EISBÄR VOR DEM FENSTER

Wer im Zoo übernachten möchte, muss sich nicht bei den Affen verstecken. Aber akzeptieren, dass ein Eisbär vor dem Wohnzimmerfenster im Wasser dümpelt, ein weißer Tiger den Nachtisch im Auge behält oder beim Aufwachen ein riesiger Braunbär neben dem Bett auftaucht! Da die stilvollen Holzhütten der Safari Lodge direkt neben den Tiergehegen stehen und breite Fensterfronten zum Rausschauen einladen, sind Begegnungen mit tierischen Nachbarn hier garantiert!

- Safari Lodge Zoo de la Flèche, La Flèche, Frankreich
  www.safari-lodge.fr
  $$

• Skylodge Adventure Suites,
Calca, Peru
www.airbnb.de/rooms/2177913
$$$

KONDORNEST MIT AUSSICHT

Das sehen also die Kondore, wenn sie morgens die Augen öffnen: das Heilige Tal der Inka mit seinen Feldern und malerischen Dörfern, überragt von Andenhängen und überwölbt vom peruanischen Himmel. Der Mensch erreicht die durchsichtigen Schlafkapseln nur per Felskraxelei, 400 m bergauf im Klettergurt. Als Belohnung gibt's: ein Abendessen, eine Dusche über dem Abgrund und eine unvergleichliche Aussicht. Zurück ins Tal geht es per Zipline, beäugt von den neugierigen Nachbarn, den Kondoren.

WO BLEIBT NICK HEUTE?

Paradiesisch, so ein Hotelzimmer mitten auf dem Meer! Mutige springen vom Oberdeck der dreistöckigen schwimmenden Villa in den türkisblauen Ozean, um sich nach einer Morgenrunde ums Haus auf der Dachterrasse trocknen zu lassen. Die nächtliche Sternenkuppel dient ebenso als 360-Grad-TV-Ersatz wie die Schwärme von Flossenträgern, die an den Fenstern des Unterwasser-Schlafzimmers entlangziehen. Meist mit dabei: ein Fledermausfisch-Trio und Nick, der Trompetenfisch.

● The Manta Resort,
Pemba Island, Tansania
www.themantaresort.com
$$$

KREUZFAHRT OHNE WELLEN

Wer weiß, wie die Nacht an Bord der »Queen Mary« wird. Nicht weil Wirbelstürme, Eisberge und Riesenbrecher drohen, sondern weil vielleicht die Weiße Frau vorbeischaut, die Gäste schon beim Heulen und Stühlerücken erwischt haben wollen. Ansonsten bietet der Dampfer Baujahr 1934 alles, was das Herz von Kreuzfahrtreisenden begehrt, vom feinen Dinner bis zur Happy Hour – nur nicht die offene See: Das Schiff hat für immer in Long Beach in L.A. festgemacht.

- The Queen Mary,
  Los Angeles, Kalifornien, USA
  www.queenmary.com
  $$

HÄNGEMATTEN FÜRS KARTELL

Fans der Netflix-Serie »Narcos« wissen: Drogenboss Pablo Escobar hatte in den 1980er-Jahren zeitweise so viel Geld, dass er nicht wusste, wohin damit. Vielleicht steckt es ja noch in den Wänden dieser Ex-Villa von Drogenkartell-Mitgliedern? Der heutige Besitzer ist davon überzeugt – und zeigt bei einer Tour die Geheimgänge und Geldverstecke, zwischen denen seine Gäste in bunten Hängematten und am Pool chillen. Gänsehaut-Fact: Das Haus war tatsächlich eines von Escobars Verstecken.

- Drop Bear Hostel, Santa Marta, Kolumbien
keine Internetadresse
$

Kolarbyn Eco Lodge,
Skärsjön, Schweden
www.kolarbyn.se/en
$ $

SURVIVAL-CAMPING

Was genau hat Holzkohle mit diesen gemütlichen kleinen Hütten zu tun, die perfekt getarnt in der Natur stehen? Klar, man findet sie in der Feuerstelle, nachdem man Holz gehackt, Kräuter gesammelt, den Fisch gefangen und ihn über den Flammen gegrillt hat. Aber das ist es nicht allein: In solchen Hütten wohnten früher die Köhler, die vor der Industrialisierung in ihren Meilern in den schwedischen Wäldern die Holzkohle herstellten. Wer hier Urlaub macht, lebt wie damals, ohne Strom und fließend Wasser, mit der Natur und dem knisternden Feuer als Einschlafmeldodie.

HOMERS OWN DONUT-HOTEL

Es scheint, als sei Homer Simpson Mitglied der chinesischen Architektenkammer geworden – denn dieses Hotel wurde offensichtlich von einem Donutsüchtigen gebaut! 27 Stockwerke über und zwei Etagen unter Wasser vollenden den Kreis samt Loch in der Mitte. Im Untergeschoss findet sich Edles wie ein Boden aus Jade und Chinas größtes Spa. Von der Brücke über dem Taihu-See lässt sich der Donut bewundern, der auch ohne Zuckerglasur dank 19000 LED-Lichtern fantastisch funkelt.

Sheraton Huzhou Hot Spring Resort, Huzhou, China
www.starwoodhotels.com
$ $ $

EINE STADT SIEHT ROT

Wie ein brennender Baum ragt der rote Hotelturm in die Luft. Wer um ihn herumspaziert, hat den Eindruck, als würde er ständig seine Form verändern. Der Trick: Die äußere Hülle des Gebäudes mit 27 Stockwerken besteht aus roten Aluminiumrohren, die mit Kugelgelenken miteinander verbunden sind. So lässt sich eine Fassade darstellen, die im unteren Teil wirkt, als würde sie vom Wind verdreht. Im oberen Teil scheint der »brennende Baum« in die Breite zu gehen.

- Hotel Porta Fira, Barcelona, Spanien
www.hotelbarcelonaportafira.com
$$

STEINE ÜBERM PARKETTBODEN

Wieso hängen in den Nomadenzelten des Ostens, von Russland bis China, Steine von der Decke? Weil im Dachkranz der runden Jurten alle Zeltstangen miteinander verbunden werden. Dank der Steinbeschwerung können sie innerhalb von einer Stunde auf- oder abgebaut werden. Hammer und Nägel? Völlig unnötig! Diese den mongolischen Nomaden nachempfundene Jurte allerdings ist für Touristen und geht nicht auf Reisen. Man beachte den Parkettboden!

Gobi Tour Tourist Ger Camp,
Wüste Gobi, Mongolei
www.legendtour.ru/eng/mongolia/camp/gobi_tour.shtml
$

EINE FRAGE DES BLICKWINKELS

Ups, da hat der Bauleiter wohl die Pläne falsch herum gehalten und die Pyramide auf den Kopf gestellt. Ach so, wenn man etwas zur Seite tritt, sieht man, dass hier zwei miteinander verbundene, schräge Türme versetzt nebeneinanderstehen. Eigentlich hätten sie noch höher wachsen sollen, aber da hat der Flughafen nebenan protestiert. Es ist kein Wunder, dass eines der ausgefallensten – und größten – Hotels in Skandinavien in der Designhauptstadt Kopenhagen steht.

- Bella Sky Kopenhagen, Kopenhagen, Dänemark
acbellaskycopenhagen.dk
$$

SEIFENBLASEN IM WALD

Nach Glamping und Survival-Camping kommt hier der neueste Trend, »Bubbling« sozusagen: in einer durchsichtigen Blase die Zweisamkeit unter dem Sternenhimmel genießen, während die Natur durchs Plastikdach spickt. Doch keine Angst, Erstickungsgefahr besteht dank der ständigen Durchlüftung nicht! In bis zu 4,50 m Höhe hängen die Blasen zwischen hohen Bäumen, als Sicht- und Sonnenschutz dient eine Plane, die über die Kugel gezogen werden kann.

- Dihan Évasion, Ploemel, Frankreich
  www.dihan-evasion.org
  $$

Hotel Mongolia Gachuurt,
Ulan Bator, Mongolei
keine Internetadresse
$$

DER KHAN AUF ZEITREISE

Hätte Dschingis Khan eine Zeitmaschine besessen und auf seinem Trip in die Zukunft eine Verschnaufpause gebraucht (Zeitreisen machen bekanntermaßen sehr müde), wäre er hier abgestiegen. Das nach eigenen Angaben einzige Resort-Hotel der Mongolei ist nämlich Karakorum nachempfunden, der alten Hauptstadt des Mongolenreichs. Wer hier unterkommt, schläft sicher hinter einer Festungsmauer mit vier Toren und Ecktürmen. Und damit sich zeitreisende Khans und Authentizität suchende Touristen wohlfühlen, wird in Jurten übernachtet.

RITTER SEIN DAGEGEN SEHR

Ob den mittelalterlichen Rittern und Königen wohl bewusst war, dass sie auf ihren Feldzügen Glamping praktiziert haben? Vermutlich nicht. In den heutigen Zelten (oder den Turmsuiten oder den komfortablen Holzbungalows von Schloss Warwick) könnten sie per WLAN checken, was im und rund ums Schloss abgeht: Bogenschießen, Raubvogel-Show, Ritterturniere, Flüche brechen im Prinzessinnenturm? Sogar eine Geisterführung durch den Kerker könnten die edlen Ritter buchen.

Warwick Castle,
Warwick, Großbritannien
www.warwick-castle.com
$$

IM GARTEN DER TUDORS

Hier hat doch jemand die königlichen Betten gestohlen und hält sie in Zelten versteckt! Schlossherr Heinrich VIII. hat bereits Soldaten ausgeschickt, um die Frevler zu finden, die sich die komfortablen Bettstätten unter den Nagel gerissen haben. Da hilft nur noch die Flucht ins Labyrinth oder in die unterirdischen Schlossgänge. Die acht Pavillons bieten Platz für je vier Ritter oder vier Prinzessinnen. Zudem gibt es eine Feuerstelle und freien Zutritt zum Palast – wenn Heinrich nicht mehr grollt.

- Knight's Glamping at Leeds Castle, Broomfield, Großbritannien
  www.leeds-castle.com
  $$

● Clown Motel,
Tonopah, Nevada, USA
www.facebook.com/The-Clown-Motel-117921041615424
$

EIN GRINSEN IN DER NACHT

In dem kleinen Motel in Nevada sollte lieber nicht absteigen, wer unter Coulrophobie leidet. Dabei handelt es sich nicht um eine der heutzutage sehr beliebten Lebensmittelunverträglichkeiten, sondern um – die Angst vor Clowns. 600–700 der, je nach eigener Einschätzung, lustigen oder gruseligen Grinsefratzen aus aller Welt haben hier ihren Alterssitz gefunden. Ob die Puppen nachts zum Leben erwachen oder ob es die Geister vom benachbarten Friedhof sind, von denen so mancher Gast sich gestört fühlte, blieb bislang ungeklärt …

WELCOME TO THE
CLOWN MOTEL
OFFICE
OPEN
CAUTION
STEP
UP
PEPSI

BOOK AND BREAKFAST

Bücherwürmer gehen nie alleine ins Bett, sie treffen sich mit Harry in der Winkelgasse oder lösen mit Sherlock Holmes einen Mordfall. In den fünf Hostels von »Book and Bed« macht man es sich gleich im Bücherregal gemütlich (allerdings, wie die Website warnt, »ohne komfortable Matratzen und flauschige Bettwäsche«) – und die Lesereise durch die Nacht kann beginnen. Am besten mit einem Taschenbuch, denn viel Platz ist nicht inmitten der 3200 Bände auf Englisch und Japanisch.

Book and Bed,
Tokio, Japan
www.bookandbedtokyo.com
$

DIE KÄLTE UMARMEN

Ja, ja, Pinguine können fliegen, und aus Wasser baut man Häuser … Komisch nur, am Nebelhorn, in 2000 m Höhe, ist beides tatsächlich möglich: Mit der Zipline »Flying Pinguin« zum Einchecken fliegen und dann in 3000 m^3 Wasser übernachten. Gefrorenem natürlich, das sich Jahr für Jahr aufs Neue in ein Iglu verwandelt, inklusive filigran geschnitzter Bilder in den Wänden. Klar kann man auch bis zum Frühjahr bleiben. Dann schmilzt allerdings das Bett unterm Rentierfell weg.

● Iglu Lodge, Oberstdorf, Oberallgäu, Deutschland
iglu-lodge.de
$$$

YotelAir, Flughafen Heathrow,
London, Großbritannien
www.yotel.com/de/hotels/london-heathrow-airport
$

BOARDING IM PYJAMA

Mal wieder eine Verbindung mit unmenschlichen Flugzeiten erwischt? Dann ab ins YotelAir am Terminal 4! Die pinkfarbenen Kabinen sind klein, aber fein, bieten Regendusche, WLAN, Flachbild-TV und sogar einen Schreibtisch für alle, die noch arbeiten müssen. Außerdem kann man die Luxusboxen auf Stundenbasis mieten. Das ist deutlich gemütlicher als die unbequemen Sitzbänke in der Wartehalle mit ihren störenden Armlehnen. Und schon ist ein ausgefallener Flug nur noch halb so schlimm. Aber Achtung, vor dem Boarding bitte den Schlafanzug ausziehen!

h...

• Bambuda Lodge,
Isla Solarte, Panama
bambuda.net
$

JETZT GEHT'S AB HIEEEER!

Oh wie rutschig-schön ist Panama! Mitten im Regenwald am Pool liegen, entspannen und den Papageien beim Plappern zuhören – herrlich. Wem das zu langweilig ist, der bestellt sich einen Cocktail an der Bar und rutscht danach zur Abkühlung direkt ins Meer. Doch auch jenseits von Wasserrutsche und Cocktails hat das Hotel viel zu bieten: Um all die großen und kleinen Trauminseln, die vor der Küste von Bocas del Toro liegen, zu erkunden, können Jahre des unbeschwerten Robinson-Lebens vergehen.

Seaventures Dive Center,
Semporna, Malaysia
www.seaventuresdive.com
$

DAS TAUCHT ECHT WAS!

Ölteppiche gehören hier nicht (mehr) zur Einrichtung: Die ehemalige Förderplattform hat sich in eine komfortable Tauchbasis verwandelt. Sie steht mitten in einem Unterwasserparadies und ist perfekt für alle, die im Urlaub nur eins im Sinn haben: tauchen, tauchen und – tauchen. Die ersten Wasserfanatiker springen schon bei Sonnenaufgang ins Meer und freuen sich, dass sie nicht erst im Boot rausfahren müssen. Neulinge können mit einem Tauchlehrer trainieren. Zwischen den Riffen zeigen sich besonders nachts die seltsamsten Wesen.

SILO-RUND-ERNEUERUNG

Was fängt man mit alten Getreidesilos an? Man stellt Betten hinein, schicke Duschen, Toiletten und Küchenzeilen und bekommt so ein außergewöhnliches Hotel. Wo früher Mehlwürmer ihr Unwesen trieben, steigen Gäste in Begleitung eines Drehwurms die Wendeltreppe in den 8,70 m hohen Speicherturm hinauf. Da liegt man dann im Rund der silbernen Wände, und über einem blinzeln die Sterne durch eine Öffnung im Dach. Sogar einen Speicher für Familien mit kleinen Körnern gibt es.

Silostay,
Christchurch, Neuseeland
www.silostay.kiwi.nz
$$

GEMÜTLICHE ZAUBERFÄSSER

Kenner der Obelix'schen Zaubertrank-Materie wissen: Wer ins Fass mit dem kostbaren Saft fällt, ist für alle Zeiten übermenschlich stark. Auf dem Jakobshof bei Bad Mergentheim fällt man auch, allerdings bereits *im* Fass, und zwar in einen tiefen, erholsamen Schlaf inmitten von Weinbergen. Je 8000 Liter fassen die Riesenfässer, die eigentlich für eine andere Art von Zaubertränken gebaut wurden: Als (Wein-)Begleitung gibt's für Gäste je eine Flasche hauseigenen Secco, Silvaner und Tauberschwarz.

- Jakobshof Weinfasshotel, Bad Mergentheim, Deutschland
  www.jakobshof-lehr.de
  $$

MOTEL
SOUTHERN PACIFIC
104
SOUTHERN PACIFIC
1138

● Railroad Park Resort,
Dunsmuir, Kalifornien, USA
rrpark.com
$$

TICKETS INS TRAUMLAND

Die perfekte Übernachtung für alle, die immer noch begeistert mit der Eisenbahn spielen: Im Railroad Park ist der »Southern Pacific« in den letzten Bahnhof eingefahren, um seinen Lebensabend als kunterbuntes Motel zu verbringen. Geschlafen wird in den *caboose* genannten Wagen, in denen früher die Zug-Crews auf den langen Transkontinentalfahrten wohnten. Aber was wäre eine Bahnfahrt ohne eine fabelhafte Aussicht aus dem Fenster? Wie in einer Miniaturwelt sind die renovierten Eisenbahnwagen von Tannen und Bergen umgeben.

ARBEITSWUT IST STRAFBAR

Hast du noch etwas zu deiner Verteidigung zu sagen? Nein? Dann wirst du wegen vorsätzlicher Arbeitswut zu einer Woche Urlaub in einer der Gefängniszellen verurteilt. In dem ehemaligen Gerichtsgebäude in King's Cross arbeitete schon Charles Dickens als Schreiber und die Punkband The Clash musste sich hier vor einem Richter verantworten, weil sie Brieftauben erschossen haben soll. Dem provokanten Lebensstil der Band ist die ClashBar im Keller der Herberge gewidmet.

Clink 78 Hostel,
London, Großbritannien
www.clinkhostels.com/london/clink78/
$

FLÜSTERN IN DER DUNKELHEIT

Der Grand Canyon ist nicht nur beeindruckend von oben, sondern auch von innen. Mit dem Lift geht es 22 Stockwerke unter die Erde und zurück in der Zeit: 65 Millionen Jahre alt ist die 60 m breite, 120 m lange und 20 m hohe Grotte, in der man in kompletter (!) Dunkelheit die Nacht verbringt, nachdem das Licht ausgeschaltet ist. Laut Hotel-Info lebt nichts, aber auch rein gar nichts in der trockenen, sauberen Luft. Dann muss das Flüstern wohl von rastlosen Indianerseelen stammen …

● Grand Canyon Caverns,
bei Las Vegas, Nevada, USA
www.gccaverns.com
$ $ $

- Quinta Real Zacatecas,
  Zacatecas, Mexiko
  www.quintareal.com/Hotels
  $$$

FRIEDLICHE LUXUSLÖSUNG

In dieser Arena von 1866 kämpften keine Gladiatoren, sondern Mensch gegen Tier, genauer gesagt Mensch gegen Stier. Der letzte traditionelle Stierkampf wurde 1975 ausgetragen, danach hat man die Arena restauriert und zu einem Nobelhotel mit luxuriösen Suiten umgebaut. Abends verwandelt sich der frühere Kampfplatz in ein romantisches Restaurant. Dinner gibt's bei Kerzenschein, den Tequila dann in der Bar unter den Torbögen der erhalten gebliebenen Katakomben. Auch der Aquädukt hinter dem Hotel ist echt: Bis 1910 lieferte er Wasser für das Zentrum von Zacateca.

ÜBER DIE AUTORIN

Seit Verena Tölle ein halbes Jahr in Italien gelebt hat, lässt sie das Verlangen nach dem »Dolce Vita« nicht mehr los. Sie studiert Medienwissenschaften im Master an der Universität Bielefeld und sucht ständig nach neuen verrückten Urlaubsorten.

IMPRESSUM

Text: Verena Tölle
Konzept und Projektbetreuung:
Andrea Wurth
Grafik: treibsand grafik, Stuttgart
Bildredaktion: Sylvia Pollex
Lektorat: Jens Bey

Erste Auflage 2018

www.dumontreise.de

ISBN 978-3-7701-8472-9

Gedruckt in Italien

FSC
www.fsc.org
MIX
Papier aus verantwortungsvollen Quellen
FSC® C015829

BILDNACHWEIS

Umschlagvorderseite: Kagga Kamma Resort
Umschlagrückseite o. li.: Natura Vive; o. re.: Hotel Costa Verde; u. li.: Getty Images/Matt Cardy; u. re.: laif/Gunnar Knechtel
S. 2/3: mauritius images/Alamy/Edwin Remsberg; 6: laif/Theodor Barth; 7: laif/Theodor Barth; 8: Singapur Capsule Hotel; 9: laif/Imaginechina/Gao lin hk; 10/11: Getty Images/Tom Bean; 12: mauritius images/Alamy Stock Photo/callum parsons; 13: laif/Loop Images/Quentin Bargate; 14: laif/hemis.fr/Patrick Frilet; 15: mauritius images/age fotostock/Dave Stamboulis; 16 u. 17: Cafe Central/ Jon Norstrøm; 18/19: Look/age fotostock; 20: Holger Raddatz; 21: Jana Kathrin Fotostudio Pesch-ges; 22 u. 23: laif/Le Figaro Magazine/Stanislas Fautre; 24 u. 25: Hüttenpalast/Jan Brockhaus; 26: Getty Images/Frans Lemmens; 27: Getty Images/Christian Kober/robertharding; 28/29: Solentforts; 31 u. 32: laif/Imaginechina/Huang zhengwei; 32 u. 33: LEGOLAND Freizeitpark Deutschland; 34: Frank Hoppe; 35 u. 36/37: laif/hemis.fr/Emmanuel Berthier; 38 u. 39: Getty Images/John S Lander/Kontributor; 40 u. 41: mauritius images/Alamy/Edwin Remsberg; 42: Toggenburg Tourismus; 43: Getty Images/Collection: Lonely Planet Images/Peter Ptschelinzew; 44 u. 45: Gladstones Library; 46 u. 47: Tourismus Marketing Service Büsum GmbH; 48: Thomas Roetting/Sylvia Pollex; 49: Urnatur/Ulrika Krynitz; 50/51: Glow Images/Deposit Photos; 52: Fotolia/©anekoho; 53: Huber Images/Maurizio Rellini; 54: Waldseilgarten Höllschlucht; 55: Getty Images/Andrew Watson; 56: Kulturinsel Einsiedel; 57: DuMont Bildarchiv/Synnatschke Photography; 58: Getty Images/hemis.fr/LEMAIRE Stephane; 59: shutterstock.com/Siwasan Chiewpimolporn; 60/61: Enno Kapitza; 62 u. 63: Hotel Costa Verde; 64/65: Rotel; 66: shutterstock.com/sunsinger; 67: shutterstock.com/Oleg Zhukov; 68 u. 69: laif/Gunnar Knechtel; 70: laif/Tobias Gerber; 71: laif/hermis/Patrice Hauser; 72/73: Johan Kauppi/Arctic Bath; 74: Getty Images/John S. Lander; 75: laif/hermis.fr/Patrick Frile; 76 u. 77: Thomas Roetting/Sylvia Pollex; 78 u. 79: Henn na Hotel; 80 u. 81: Alpin Panorama Hotel Hubertus/Alex Filz; 82/83: laif/Martin/Le Figaro Magazine; 84 u. 85: Ostel; 86: Sala Silvergrura/Maria Andersson; 87: Vuurtoren van Harlingen/Fotografie Dorus; 88/89: Kagga Kamma Resort; 90: Norrqvarn Hotell; 91: picture alliance/Herve Petitbon/dpa; 92: Natura Vive; 93: Kristina Hader; 94, 95 li. u. 95 re.: The Manta Resort; 96: Getty Images/Jon Hicks; 97: Drop Bear Hostel; 98: Kolarbyn/Mikaela Larm; 99: Kolarbyn; 100: mauritius images/Danita Delimont; 101: mauritius images/age fotostock; 102: Getty Images/Peter Langer; 103: Getty Images: Cultura RM Exclusive/suedhang; 104: laif/hemis.fr/Emmanuel Berthier; 105: Getty Images/hemis.fr/Emmanuel Berthier; 106/107: laif/Martin Sasse/laif; 108: Huber Images/Sebastian Wasek; 109: Leeds Castle - Knight's Glamping/Linda Casey; 110 u. 111: Stefan Wagner; 112: Book and Bed; 113: mauritius images/Matthias Pinn; 114/115: Schapowalow/Franco Cogoli; 116: Bambuda Lodge; 117: mauritius images/Alamy; 118: SiloStay/Lisa Ashfield; 119: Katrin Ludwig; 120/121: Getty Images/Buyenlarge; 122: mauritius images/Alamy/ilpo musto; 123: laif/Eric Martin/Le Figaro Magazine; 124/125: shutterstock.com/stacyarturogi; 128: Getty Images/Matt Cardy

AUS SAND GEBAUT

Erst mal den Sand aus den Augen reiben, was für ein königlicher Palast! Am Weymouth Beach wurde gebuddelt, und das acht Tage lang, bis die 4 m hohe Sandburg samt kompletter Einrichtung perfekt war. Gäste brauchten eine hohe Körner-Toleranz und bei 24 Stunden Open-Air jede Menge Sonnencreme. Morgens ersetzte die aufgehende Sonne den Wecker und abends diente der Mond als Lichtquelle. Ein echt nachhaltiges Hotel – leider nur für eine Saison.

Sand Hotel,
Weymouth, Großbritannien
keine Internetadresse
$